合肥市西园新村小学
"小天鹅课程"丛书
HEFEI SHI XIYUANXINCUN XIAOXUE
"XIAOTIAN'E KECHENG" CONGSHU

文明礼仪我先行

WENMING LIYI WO XIAN XING

主编 朱莉萍

时代出版传媒股份有限公司
安徽文艺出版社

图书在版编目（ＣＩＰ）数据

文明礼仪我先行/朱莉萍主编. --合肥：安徽文艺出版社,2017.10（2024.7重印）
ISBN 978-7-5396-6213-8

Ⅰ．①文… Ⅱ．①朱… Ⅲ．①礼仪－小学－教材
Ⅳ．①G625.5

中国版本图书馆 CIP 数据核字(2017)第 240206 号

出 版 人：姚　巍
责任编辑：刘姗姗　周　丽　　　　　装帧设计：徐　睿
....
出版发行：安徽文艺出版社　　www.awpub.com
地　　址：合肥市翡翠路 1118 号　　邮政编码：230071
营 销 部：(0551)63533889
印　　制：安徽芜湖新华印务有限责任公司　(0553)3916126
....
开本：880×1230　1/32　印张：2.25　字数：40 千字
版次：2017 年 10 月第 1 版
印次：2024 年 7 月第 2 次印刷
定价：20.00 元
....

《文明礼仪我先行》编委会

主　　编:朱莉萍

副主编:王大圣

编　　者:陈燕萍　张　静　葛　莉

序

　　课程是一所学校的灵魂,有什么样的学校课程,就有什么样的学校生活;有什么样的学校生活,就会培养出什么样的学生。由此来看,课程是学校一切工作的核心。西园新村小学的课程理念是:小天鹅从这里起飞。每一个孩子都是一只正在蜕变的小天鹅,每一个孩子都是即将展翅飞翔的小天鹅。我们尊重每一个孩子的成长过程,尊重每一个孩子的独特个性。为了让更多的"小天鹅"能早日展翅高飞,学校设计了丰富多彩的课程,开发了极具特色的校本教材。

　　2010年暑假,学校给西园小学所有教师布置了一份特殊的暑假作业:自编一本校本教材。开学后学校组织骨干教师从100多本教师自编教材中精心挑选出6种——《小学生礼仪手册》《心理健康教育》《综合材料创意制画》《话说咱合肥》《安全的翅膀》《少儿形体训练》,作为学校的重点校本课程进行开发。在编写人员的安排上学校又打破学科界限,创新组合,组织了十几位骨干教师成立校本教材编写委员会,利用寒暑假时间再次集中编写。经过整整一年的精心编撰、反复修改、专家论证,一本本内容丰富、印刷精美的校本教材终于破茧而出,与广大师生见面。从 2011 年到 2016 年,学校在校内进行尝试:将老师们开发的这 6 种校本教材与国家规定的《品德与生活》《综合实践》等课程有机结合,成为西园新村小学的必修课程,由学校统一印刷,作为循环教材供学生免费使用,在使用上做到分层实施、科学设置、合理安排、系统有序。经过 5 年的使用,实践证明这 6 种教材受到了同学们的喜爱,更得到很多校外的老师和同学的青睐,他们想方设法地借到这套丛书一睹为快。

2016年,学校组织老师将这 6 种校本教材再次打磨修订,并将书名修订为《文明礼仪我先行》《心理加油站》《创意剪拼贴》《话说咱合肥》《安全的翅膀》《小天鹅从这里起飞》。经过 5 年的实践和沉淀,这 6 种教材更像一只只刚刚蜕变的小天鹅,从西园新村小学开始起飞,飞向更广阔的天空,带给更多人知识和惊喜。愿更多的读者能从中汲取力量,化为一只只追寻自己梦想的小天鹅,飞向更广阔的天空。

合肥市西园新村小学　朱莉萍

前　言

礼仪,是人类文明的重要组成部分。在人际交往中,以约定俗成的程序、方式来表现自己的律己、敬人的过程,礼仪是一个人内在修养和素质的外在表现。在全面开放的现代社会,礼仪在人际关系中的协调作用就显得更加必要,更加不可缺少。在小学开展礼仪教育是推动青少年思想道德建设的一种好的形式。它从精神文明建设的角度,通过举止、仪表、讲文明、守纪律等方面介绍人的言行规范。俗话说得好,"三岁看大,七岁看老"。一个人良好的言行要从小开始培养。孩子是我们的未来,只有让他们学习礼仪、懂得礼仪、使用礼仪,我们的社会才有文明之风。

为进一步丰富我校校本教材的内容,我们编写了《文明礼仪我先行》,希望同学们在学习中有所收获。

下篇　社交礼仪

上篇 校园礼仪

一 我爱红领巾

红领巾是少先队员的标志,它代表红旗的一角,每个少先队员都应该佩戴它和爱护它,为它增添新的荣誉。

礼仪小使者

红领巾代表红旗的一角,是革命先烈的鲜血染红的。

礼仪活动

读一读

红领巾,红又红,

戴在胸前多光荣。

红领巾,红又艳,

要为祖国做贡献。

议一议

少先队员什么时候佩戴红领巾?

礼仪小延伸

小字典

1.《中国少年先锋队章程》(简称《队章》)第7条:"我们的标志:红领巾。它代表红旗的一角,是革命先烈的鲜血染成的。每个队员都应该佩戴它和爱护它,为它增添新的荣誉。"

2.红领巾是等腰三角形,分大、小号两种规格:小号,底长100厘米,腰长60厘米;大号,底长120厘米,腰长72厘米。

 礼仪小实践

自己学系红领巾

1.左角压右角(领的两个角在胸前交叉,左角压在右角上面,交叉点靠近领口)。

2.绕着转一圈(将被压在底下的右角经前拉到右边,右角缠绕左角,左角随之垂直)。

3.交叉拉底尖(从左、右两角交叉点的上方拉出右角,右角此时形成圈)。

4.底尖穿过圈(将右角从圈中向下穿出,抽紧)。

二 我会敬队礼

中国少年先锋队队礼是一名少先队员行使的最高礼节，每一名少先队员都应该学习并规范地使用好少先队队礼。

 礼仪小使者

敬礼时应做到：立正，脱帽，右手五指并拢并高举过头。

 礼仪活动

练一练

请在老师的指导下，练一练如何敬一个标准的队礼。

读一读

少先队员敬队礼，

脱帽立正要严肃。

五指并拢手高举，

人民利益是第一。

 礼仪小延伸

小字典

《队章》第8条："我们的队礼：右手五指并拢，高举头上。它表示人民的利益高于一切。"敬队礼是少先队组织的最高礼节。

 礼仪小实践

说一说少先队员应在什么时候敬队礼，并把讨论结果说给大家听。

三 上课大胆发言

上课要专心听讲,认真思考,大胆发言,敢于发表自己的不同意见。

 礼仪小使者

大胆发言是获得知识的动力,也是求知创新的开始。

 礼仪活动

读一读

你动脑,我动脑,大家一起来思考。

你举手,我举手,大家一起来交流。

你来说,我来说,共学习来共进步。

礼仪小延伸

选一选

下面的做法对吗？请你来当小裁判,对的画"√",不对的画"×"。

1.童天认为同桌的回答不正确,但如果自己举手说了正确答案,会惹同桌不高兴。（　　）

2.王心平时善于观察生活,勤动脑,乐于把自己的发现告诉他人,并且认真倾听别人的看法。（　　）

 礼仪小实践

说一说你在课堂上是怎样发言的。

四 与同学相处的礼仪

同学是我们的好伙伴、好朋友,与同学相处也要注意文明礼仪。

 礼仪小使者

主动问好。

 **礼仪活动**

选一选

与同学相处时要注意文明礼仪,在你认为做得好的图上画上五角星。

礼仪小延伸

演一演

以小组为单位,从中选一个主题进行表演,要表现出同学相处时要注意的礼仪。

1.校门口见面。 2.小组打扫卫生。 3.向同学借学习用品。

 礼仪小实践

说一说你平时是如何与同学相处的。

五　课间活动不打闹

课间是同学们休息、活动的时间，课间活动要做到文明、适度、不打闹。

 礼仪小使者

课间活动：不奔跑打闹，做一些简单的活动，要适度、有序。

 礼仪活动

读一读

课间活动十分钟，

文明安全记心中。

不要追逐和奔跑，

不要攀爬和打闹。

互相礼让和关照，

课间安全最重要。

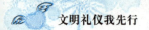

议一议

怎样文明安全地进行课间活动？

 礼仪小延伸

小贴士

课间活动能够起到放松、调节和适当休息的作用,应当注意:

1.一下课快速收好书本,然后尽快到室外。

2.抓紧时间去厕所,不要等打上课铃了才去。

3.多眺望远处,看看绿色的树木,使眼睛得到休息。

4.活动时要注意安全,避免扭伤和碰撞。

 礼仪小实践

 请你当一次礼仪小督察,对课间不文明的活动进行制止和劝导。

中篇　家庭礼仪

一　注重仪容、仪表、礼仪

注重自己的仪容、仪表、礼仪，既是尊重自己，也是尊重他人。小学生应该学习哪些基本的仪容、仪表、礼仪呢？下面让我们一起来学习。

 礼仪小使者

修剪指甲

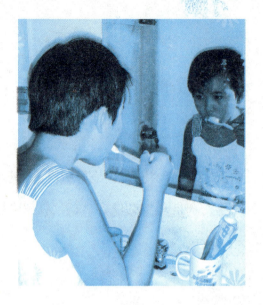

刷牙

理发

服饰整洁大方

 礼仪活动

读一读

扣系好，帽戴正；

衣着洁，手脸净；

端正坐，健步行；

懂礼让，能谦恭；

仪表美，展新风。

 礼仪碰撞

说一说谁做得最好,给他一朵小红花。

二 与父母相处的礼仪

　　父母给予我们生命,给了我们无私而伟大的爱,我们应该懂得体谅、关心父母,生活中与父母相处时注意礼仪。在父母与孩子间,礼仪不仅是重要的,而且是必需的。

 礼仪小使者

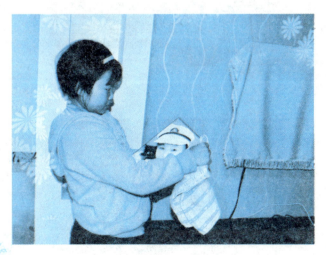

主动分担家务

关心父母

主动与父母沟通

体谅父母

不让父母为我们担心是体谅父母的一个重要方面。请看下面的图，并说说图中的小朋友做得对不对。如果是你，你会怎么做？

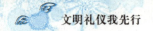

母亲节的故事

送给天下所有的母亲，祝母亲节快乐！

公元 17 世纪的时候，英国出现了一个专门为母亲们设立的叫作"妈妈的星期天"的节日。那时，许多英国穷人都在有钱人家做仆人。而在每年的"妈妈的星期天"这一天，主人通常会给他们的仆人放一天假，让他们回家去和自己的母亲共度这一天。为了庆祝这一天，他们还常常会带一种特殊的蛋糕——"母亲蛋糕"回家，献给自己的母亲。

1879 年，美国的茱莉亚·沃德豪建议设立母亲节。这一节日里，康乃馨被选中作为献给母亲的花，从此康乃馨便和母亲节联系在一起了。1913 年，美国国会通过了一份议案，将每年 5 月份的第二个星期天作为法定的母亲节纪念日。母亲节从此流传开来！

1934年5月，美国首次发行母亲节纪念邮票。邮票上，一位慈祥的母亲双手放在膝上，欣喜地看着面前花瓶中鲜艳的康乃馨。随着邮票的传播，康乃馨便成了象征母爱之花，也成了赠送给母亲的不可缺少的珍贵礼物。

礼仪实践

小朋友们，你们关心自己的爸爸妈妈吗？请在一个特别的日子给他们一个温馨的祝福。

我给爸爸妈妈的温馨的祝福

三　电话礼仪

电话已成为现代社会的主要通信工具之一，懂得接打电话的礼仪，有益于与他人的交流。让我们一起来学习接打电话的礼仪吧！

 礼仪小使者

接电话礼仪

接电话的基本礼仪：电话铃响，应尽快去接。

主动问好，态度热情。

　　尽量让对方先结束通话，待对方放下话筒后，再轻轻地放下话筒。

您说的话我会转告的。

　　如果不是找自己的电话，要问清对方的身份，对于重要的事情要做记录并及时转告。

打电话礼仪

您好！我是方明，请问陆良在吗？

　　先报自己的身份，做自我介绍。

通话尽量简明扼要。

通话结束时要先说"再见",再轻轻放下话筒。

打电话时不要影响他人

工作和休息。

读一读

电话礼仪不能少，礼貌问候先做到。

表达亲切又清晰，简明扼要才最好。

说话时间应适宜，轻声交谈别打扰。

电话聊天可不好，节约意识很重要。

 ## 礼仪活动

评一评

请你评一评你在以下方面做得怎么样，做得好的画一颗星，看看你能得几颗星。

	内容	★
接电话	电话铃响，尽快去接	
	主动问好	
	尽量让对方先结束通话，并和对方说"再见"	
	陌生电话需要问询对方的身份	
	不是找自己的电话，需要记录和转达	
打电话	先通报自己的身份	
	通话尽量简明扼要	
	打电话时不要影响他人工作和休息	
	不要长时间占用电话聊天	
	通话完毕主动说"再见"	

说一说

如果你接到打错的电话，或是自己不小心打错了电话，应该怎么办呢？

 礼仪链接

电话三要素

使用电话传递信息时,通话双方之间不见面,直接影响通话效果的是通话者的声音、态度和使用的言辞,这三者一般被称为"电话三要素"。

电话礼仪要求:打电话时为了表达对对方的尊重,应该用诚挚、亲切、热情的语调,声音清晰,不要大声喊话。多用礼貌用语,还要注意良好姿态,因为姿态会影响人的音调和情绪,对方是能够感觉得到的。吃着东西打电话或懒洋洋地打电话都是不礼貌的。

 礼仪实践

创设并表演一个接打电话的情境,例如"给老师打电话请教问题""节假日给同学打电话问候""接到找父母的电话"等等,体验电话礼仪。

四　街坊邻里礼仪

远亲不如近邻,邻里之间相互尊重、以礼相待,我们的生活会更加和谐。

 礼仪小使者

见了邻居主动打招呼

主动帮助邻居做力所能及的事情

不影响邻居的休息和生活

礼仪活动

宽容礼让,不发生冲突

读一读

轻轻走,不吵闹,

邻居姐姐做功课,

楼上弟弟在睡觉,

好少年,懂礼貌,

楼下爷爷在看报,

多想别人不打扰。

礼仪链接

六尺巷

据《桐城县志》记载,清代康熙年间文华殿大学士兼礼部尚书张英的老家人与邻居吴家在宅基的问题上发生争执。两家大院的宅地都是祖上的产业,时间久远了,本来就是一

笔糊涂账,想占便宜的人是不怕算糊涂账的。他们往往过分相信自己的铁算盘,两家的争执顿起,公说公有理,婆说婆有理,谁也不肯退让一丝一毫。由于牵涉到宰相大人,官府和旁人都不愿沾惹是非,于是纠纷越闹越大,张家人便把这件事告诉了张英。家人飞书京城,让张英打招呼"摆平吴家"。张英大人阅过来信,只是释然一笑。旁边的人面面相觑,莫名其妙。只见张大人挥起大笔,一首诗一挥而就。诗曰:"千里家书只为墙,让他三尺又何妨?万里长城今犹在,不见当年秦始皇。"交给来人,命快速带回老家。家里人一见书信回来,喜不自禁,以为张英一定有一个强硬的办法,或者有一条锦囊妙计,结果家人看到的却

是一首打油诗,败兴得很。后来一合计,确实也只有"让"这个唯一的办法,房基地的确是很可贵的家产,但争不下来,不如让三尺。于是家人立即动手将垣墙拆让三尺。大家交口称赞张英和家人的豁达态度。张英一家的忍让行为,感动了邻居一家人,吴家同意也把围墙向后退三尺。两家人的争端很快平息了,于是两家的院墙之间形成了一条宽六尺的巷子,"六尺巷"由此而来。这条几十丈长的巷子虽短,留给人们的思索却很长。

五　待客礼仪

古人说："有朋自远方来，不亦乐乎？"迎送客人是经常有的事情。热情而有礼貌是待客的基本礼仪。

 礼仪小使者

做好待客的准备

主动与客人打招呼

热情招待客人

与客人说"再见"

礼仪活动

读一读

咚咚咚咚敲门响,客人到家来拜访。

搬个椅子请坐下,我给客人倒杯茶。

倒茶要有八分满,递茶要用双手端。

大人交谈莫插嘴,如有问话认真答。

客走送到大门口,再见再见请慢走。

 礼仪链接

国外待客礼仪见闻

在巴基斯坦通常是男主人出面接待客人。巴基斯坦人对朋友慷慨大方,总要挽留客人吃饭,他们用丰盛可口的穆斯林膳食招待客人,认为只有这样才算表达了对朋友的诚挚情谊。

客人告辞时,主人会热情地送到院外,并把右手放在胸前,真诚地说:"胡达哈菲兹(真主保佑你)。"客人同样也应将右手放在胸前,回答说"胡达哈菲兹"。通常客人已走很远了,主人仍站在院门外目送着。

 礼仪活动

一天中午,小明放学回家,发现家里来了一位叔叔,还带来了一个与自己年龄相仿的小朋友,爸爸妈妈正在准备午饭招待客人。请你说一说,如果你是小明,你会怎样帮助大人招待客人呢?

下篇 社交礼仪

一 尊老爱幼,平等待人

一、尊老爱幼,平等待人。同学之间友好相处、互相关心、互相帮助。不欺负弱小,不讥笑、戏弄他人。尊重残疾人,尊重他人的民族习惯。

二、待人有礼貌,说话文明,讲普通话,会用礼貌用语。不骂人,不打架。

三、到他人房间先敲门,经允许再进入,不随意翻动别人的物品,不打扰别人的工作、学习和休息。

四、遵守公共秩序,在公共场所不拥挤、不喧哗,礼让他人。乘公共汽车主动购票,主动给老幼病残孕让座。

五、阅读、观看健康有益的书、报刊、音像和网上信息,收听、收看内容健康的广播电视节目。不进入网吧等未成年人不宜入内的场所。

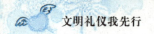

 礼仪小使者

尊老爱幼，平等待人。同学之间友好相处、互相关心、互相帮助。不欺负弱小，不讥笑、戏弄他人。尊重残疾人，尊重他人的民族习惯。

 礼仪活动

尊老爱幼是我们中华民族的优良传统。尊敬老人，除了在家中尊敬爷爷奶奶、外公外婆等长辈之外，在外面还要尊敬不认识的老人。在与比我们年幼的小朋友相处时，我们是大哥哥、大姐姐，我们应该关心、照顾他们。

同学之间要团结友爱、互相帮助。欺负弱小的同学是不好的行为。我们不要讥笑同学的缺陷，也不要给同学起侮辱性的外号。讥笑、戏弄他人是不尊重他人的表现。残疾人由于身体有缺陷，生活和学习都有很大困难，我们应该给他们更多的关心和帮助。

我们国家是一个多民族的国家，每个民族都有自己不同的宗教信仰和风俗习惯，我们应该尊重他人的民族习惯。

礼仪碰撞

他们的做法真好!

尊敬老人

不欺负弱小，不讥笑、不戏弄他人

文明礼仪我先行

帮助残疾人

尊重他人的民族习惯

礼仪迁移

残疾人的分类

残疾人的分类在不同的国家和地区有不同的方法。1990年我国颁布的《中华人民共和国残疾人保障法》将残疾人分为八类。我们小学生接触较多的是视力残疾、肢体残疾、智力残疾、听力残疾和言语残疾等五类残疾人。

 特别提示

学校可根据条件，组织学生开展为敬老院老人做好事、帮助残疾同学等活动，增强学生尊老爱幼、尊重残疾人等方面的意识。

二　待人有礼貌

 礼仪小使者

　　待人有礼貌,说话文明,讲普通话,会用礼貌用语。不骂人,不打架。

 礼仪活动

　　在和他人交往时,我们应该有礼貌,说话文明,不说脏话、粗话。"您好、请、谢谢、对不起、再见"等是最重要、最常见的礼貌用语,同学们平时要主动使用。接触不认识的人,要根据他们的年龄,给予礼貌的称呼。对老年人可以称呼老爷爷、老奶奶等;对和父母年龄相仿的人,可以称呼伯伯、叔叔、阿姨等;对比自己年龄稍大一些的人,可以称呼大哥哥、大姐姐。此外,我们在和别人交往时应该说普通话。

　　骂人、打架影响团结,违反纪律,我们小学生不应该有这样的行为。这是一些男同学要特别注意的。

礼仪碰撞

他们的做法真好!

同学见面时说"你好"

请求别人时说"请……"

表示感谢说"谢谢"

分手时说"再见"　　　　妨碍别人时说"对不起"

礼仪迁移

1.当别人向你表示感谢时,你应该(   )。

A.不说话

B.说"不用谢"或"不客气"

C.说"知道了"

2.当别人妨碍你而向你表示歉意时,你应该(   )。

A. 不说话

B.指责别人

C.说"没关系"

 ## 特别提示

老师、家长要指导学生(孩子)正确运用礼貌用语。

三　做客的礼仪

 礼仪小使者

　　到他人房间先敲门，经允许再进入，不随意翻动别人的物品，不打扰别人的工作、学习和休息。

 礼仪活动

　　房间是人们工作、学习和生活的地方，不经允许就进入他人房间是不礼貌的行为。因此，进他人房间前要先敲门，经允许后才可进入。敲门时动作要轻。我们到别人家做客，如果不是主人邀请或经允许，不要进入主人的卧室或书房。

　　无论在什么地方，都不要随意翻动他人的物品，随意翻动别人的物品也是不礼貌的行为。另外，还要注意不打扰别人的工作、学习和休息，比如在午睡时间，就不要随便给别人打电话。

礼仪碰撞

他们的做法真好!

进老师办公室前先喊"报告"

进入他人卧室和书房要经允许

到他人房间先敲门

不随意翻动别人的物品

礼仪迁移

文明做客小儿歌

做客进屋把门敲，等候允许莫忘掉。

别人东西不乱翻，讲话走路要轻悄。

言行文明要做好，咱们从小讲礼貌。

 特别提示

我们到别人家做客时，千万不要随意进入别人房间，不要随意翻动别人的物品。

四　遵守公共秩序

 礼仪小使者

　　遵守公共秩序，在公共场所不拥挤、不喧哗，礼让他人。乘公共汽车主动购票，主动给老幼病残孕让座。

 **礼仪活动**

　　公共秩序是人们在公共场合活动的规则和要求。在公共场合，如果有人不遵守公共秩序，就会影响别人，有时还会给自己或别人造成严重后果，如挤伤、踩伤等。良好的公共秩序需要大家共同维护。遵守公共秩序是一个人良好素质的表现，我们小学生要自觉遵守公共秩序，养成讲文明、守秩序的好习惯，做文明小公民。

礼仪碰撞

他们的做法真好！

乘车、购物，人多要排队

在公共场合不拥挤、不喧哗

主动给老幼病残孕让座

乘公共汽车、船要主动买票

下篇 社交礼仪

礼仪迁移

列宁理发

列宁是伟大的革命导师。十月革命胜利后的一天,他到理发店理发。当时理发的人很多,许多人在排队等候。大家见到列宁来了,一致请列宁先理,列宁坚决不同意。列宁说:"谢谢同志们。不过这是要不得的,大家都应该遵守秩序。"列宁在他的一生中总是这样认真地遵守公共秩序。

特别提示

家长要以身作则,带头遵守公共秩序,为孩子树立榜样。

057

五 做文明小学生

 礼仪小使者

　　阅读、观看健康有益的书、报刊、音像和网上信息,收听、收看内容健康的广播电视节目。不进入网吧等未成年人不宜入内的场所。

 **礼仪活动**

　　我们每天都看书、看报、看电视,有时还上网。健康有益的图书、报刊和音像制品是我们的好朋友,能使我们增长知识、开阔眼界,使我们的生活更加丰富多彩。但有些书刊、音像制品含有暴力、色情和封建迷信等不健康的内容,我们可不要看。我们小学生不应该进入网吧等未成年人不宜进入的场所;不在国家法定节假日,我们也不要进入营业性的电子游戏场所。

礼仪碰撞

他们的做法真好！

看健康有益的书报

观看健康有益的音像和网上信息

不进入网吧

不进入游戏机室

礼仪迁移

未成年人保护法

1991年颁布的《中华人民共和国未成年人保护法》规定，未成年人是指未满18周岁的公民。《中华人民共和国未成年人保护法》和其他有关法律规定，营业性网吧不得向未成年人开放。娱乐场所的电子游戏机以及游戏机室除在国家法定节假日外，也不得向未成年人开放。

 特别提示

学校和家长要指导学生（孩子）阅读、观看健康有益的图书、报刊和音像制品，尽可能为他们创造在学校和家中上网的机会。